好孩子好教养

漫画版

陈咏梅 著

北京出版集团
北京教育出版社

图书在版编目(CIP)数据

好孩子好教养:漫画版/陈咏梅著.－－北京:北京教育出版社，2024.5.－－ ISBN 978-7-5704-6579-8

I.G78-49

中国国家版本馆CIP数据核字第2024WP4382号

好孩子好教养：漫画版

陈咏梅 著

*

北 京 出 版 集 团
北京教育出版社 出版

（北京北三环中路6号）

邮政编码：100120

网址：www.bph.com.cn

京版北教文化传媒股份有限公司总发行

全国各地书店经销

永清县晔盛亚胶印有限公司印刷

*

710 mm×1000 mm　16开本　8印张　100千字

2024年5月第1版　2024年5月第1次印刷

ISBN 978-7-5704-6579-8

定价：59.80元

版权所有　翻印必究

质量监督电话：(010)58572740　58572393

第一部分
日常生活中的教养

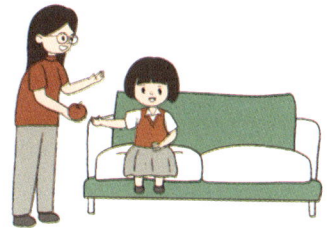

1 善意的问话要有回应 …………………………………… 002
2 大人谈话时保持安静 …………………………………… 006
3 餐桌上也要讲礼仪 ……………………………………… 010
4 到别人家里不随便 ……………………………………… 014
5 对父母和长辈要尊重 …………………………………… 020
6 要有良好的生活习惯 …………………………………… 024
7 自己能做的事自己做 …………………………………… 030
8 勤俭节约是美德 ………………………………………… 034

第二部分
社会交往中的教养

1 尊重每一个人的职业 …………………………………… 040
2 公共场合保持安静 ……………………………………… 045

3 自己的行为不影响他人 …………………………………… 050

4 外出游玩要遵守规章制度 ………………………………… 055

5 心中常怀尊重与善意 ……………………………………… 061

6 爱护环境人人有责 ………………………………………… 067

7 文明礼貌受尊重 …………………………………………… 071

8 社会责任不可缺 …………………………………………… 076

第三部分
学校生活中的教养

1 有时间观念并遵守承诺 …………………………………… 082

2 保持安静的学习氛围 ……………………………………… 087

3 对别人的失误不嘲笑 ……………………………………… 092

4 不给同学起外号 …………………………………………… 098

5 尊重别人的秘密 …………………………………………… 103

6 爱护公共财物 ……………………………………………… 108

7 不显摆、不攀比 …………………………………………… 113

8 谦虚有礼知感恩 …………………………………………… 117

在生活中，每天我们都要与形形色色的人相处、交往，可是在与人的相处中，有些人会让人觉得如沐春风、心情愉快，有些人却让人觉得心生厌烦，甚至都不想再搭理他。之所以会有这样的感觉，其实都与教养有关。

教养是一个人道德修养的外在表现形式，是一种根植于内心的文化品德的修养。教养表现在日常生活中，就是待人接物时的一种处事态度。

虽然社会是多元的，允许每一个人有自己的个性与行为处事方式，但是，如果自己的行为总是让别人觉得讨厌，而且还不自知，也不加以改正的话，时间长了，就会失去人们的尊重，甚至被孤立。

那么，小朋友们如何才能做一个不让别人讨厌的人呢？那就是要做一个讲礼貌、有教养的好孩子。

教养是镌刻在心灵上的行动指南，生活中的一言一行则是在教养的滋润下，开出美好的人生之花。

人物介绍

钟小北
11 岁的小男生，小学五年级，热情大方，懂礼貌，爱好广泛，特别喜欢踢足球。

钟小南
钟小北的小堂妹，9 岁的小女生，小学三年级，娇气，以自我为中心，喜欢弹钢琴。

钟小北妈妈
杂志社编辑，对待生活热情积极，喜欢旅游、拍照。

钟小北爸爸
一名公司普通职员，朝九晚五的上班族，但是一有时间就会陪孩子做游戏。

小礼
一个虚拟人物，古代小书生打扮，奉行"人无礼则不生，事无礼则不成"的理念，总在恰当的时机告诉孩子们哪些行为是没教养的行为，会让别人讨厌自己。

第一部分

日常生活中的教养

 善意的问话要有回应

钟小北二叔家的小堂妹钟小南要来家里住一段时间,钟小北的爸爸、妈妈专门给她收拾了卧室,还一再告诫钟小北不许欺负钟小南。

钟小北表示,他一定会和钟小南好好相处。为了表示对钟小南的欢迎,他自告奋勇去小区门口接钟小南。

一见到二叔、二婶,钟小北便热情地和他们打招呼。

二叔、二婶,小南,你们好,我来接你们了!

钟小北还主动接过了钟小南的书包,替她背着。可是钟小南看起来并不高兴,一直噘着嘴,一言不发。原来,她不喜欢妈妈今天给她穿的裙子。

大叔,我是2号楼12层的,这是我二叔一家,是去我们家的!

好,知道了,快带他们进去吧!

二叔开玩笑道:"小北,你带亲戚去家里,还得向门卫报备啊!"

钟小北回答道:"一般情况下,门卫大叔不会询问住在小区内的人,但是小区的人多,门卫大叔不一定能够认

识小区的每一个人。所以,我就主动解释一下,免得他想问又不敢问。"

钟小北家在 12 层,他们进了电梯,刚要关门,突然听到有个奶奶在喊:"等一下。"

钟小北连忙按住电梯开门键,等奶奶上了电梯,还热情地帮她按了楼层。

钟小北见状，连忙说道："王奶奶，她是我妹妹，已经三年级了！"

二叔和二婶也不好意思地冲王奶奶点了点头，解释道："这孩子在生气呢！"

同学们，看了上面发生的故事，你们觉得钟小北和钟小南，谁更让人喜欢呢？肯定是钟小北，对不对？因为他讲礼貌、懂礼仪，和他相处会让人觉得心情舒畅。钟小北待人接物表现的其实就是教养，而教养就藏在我们平时的言行里。

教·养·有·方

1. 遇到长辈、朋友、熟人要打招呼问好。

2. 做事情的时候，能够为别人着想。

3. 对别人善意的问话要有所回应。

2 大人谈话时保持安静

爸爸、妈妈早就等在门口,热情地将叔叔、婶婶迎进了门。

"小南住在这里,要给你们添麻烦了!"二婶客气地说。

"不麻烦不麻烦,两个孩子一起也有个伴!"

妈妈先是一愣,随即笑着说道:"看来咱们小南有些不高兴哦!"

钟小南也没回话,自顾自地走到沙发前,腾地坐在沙发上,拿起电视遥控器,打开电视,看起动画片来。

爸爸、妈妈面面相觑。

"别管她,这孩子就是毛病多!"婶婶不以为然地说。

二叔看见了,对小南说道:"小南,大妈给你苹果,

你怎么没对大妈说谢谢呢?"

"谢谢大妈!"小南边吃苹果边含糊不清地说,眼睛却始终盯着电视。

"不用谢!"小北妈妈轻轻笑了一下,"赶紧吃吧!"

钟小北原本想和小南说会儿话,但看到小南并不想和他玩,就对大人们说:"叔叔、婶婶,你们聊天,我还有点儿作业要做,先回房间了。"

"小北这孩子真懂事!"二叔羡慕地对小北的爸爸、妈妈说。

妈妈和爸爸对视了一眼,站了起来,说:"你们聊,我去做饭!"

爸爸也连忙起身:"我和你一起做吧!"

爸爸、妈妈无奈地相视一笑,走进了厨房。

是什么原因让原本热情欢迎小南同学来家里住的爸爸、妈妈,对小南同学感觉到无奈呢?很明显,在小南的身上,我们看到了她任性、以自我为中心、没礼貌、不考虑别人的感受……而这些恰好是缺少教养的表现,会让身边的人感觉到不舒服。当然,教养是可以慢慢养成的,只要我们愿意改变,多为别人着想,我们一定会成为懂礼貌、有规矩的好孩子。

教·养·有·方

1. 到亲戚朋友家里,进门首先要问好,对长辈的问话,要耐心回答。

2. 对别人的热情招待要说"谢谢",而且眼睛要看着对方,表示尊重。

3. 大人们说话的时候,保持安静,或者将电视声音调小。

4. 没有重要的事情,不随意打断大人之间的谈话。

餐桌上也要讲礼仪

爸爸、妈妈在厨房忙前忙后,很快做了一桌子饭菜。

"哇,真丰盛啊!"钟小北边帮妈妈摆碗筷边夸张地说。

"别急,还有我最拿手的清蒸鲈鱼!"爸爸从厨房探出头。

怎么这么慢啊,我都要饿死了!

妈妈连忙抱歉地招呼大家:"来来来,咱们先吃!"

钟小北悄悄扯了扯妈妈的衣服,小声说:"爸爸还没来呢!"

"好啦好啦,我来啦!"爸爸将一盘热气腾腾的清蒸鲈鱼放在桌子中间。

这孩子就是爱吃鱼!

妈妈连忙说:"没事没事,小南喜欢吃就好,喜欢吃就多吃点儿!"

婶婶站了起来,将鱼盘子挪到钟小南的跟前,宠溺地说:"坐着吃吧,看你站着夹菜多费劲!"

爸爸笑着问钟小南:"小南,大伯做的鱼好吃吗?"

钟小南歪着脑袋想了想说:"其实很一般啦!"

爸爸一脸尴尬。

钟小北瞪大了眼睛:"很一般你还一个人霸占了,不让别人吃!"

"唉,这孩子在家霸道惯了……"二叔无奈地摇了摇头,"小北,你让着点儿妹妹啊!"

钟小北爸爸、妈妈的表情已经不再是无奈,而是有些忧心忡忡。

第一部分
日常生活中的教养

小南同学的表现确实让人觉得有些无奈,但是叔叔、婶婶的行为更让人觉得忧心。教养是一种潜移默化的家教与修养,身边人,尤其是父母,对孩子的影响是巨大的,只有父母不断提高自身的修养,时常记得提醒孩子、约束孩子,让孩子知道哪些事情能做,哪些事情不能做,才能让孩子成为一个有教养的人。

教·养·有·方

1. 许多人一起吃饭的时候,不用筷子敲打饭碗,不要催促做饭的人。

2. 要等长辈入席后再动筷子,不用自己的筷子乱翻桌上的饭菜,更不能用筷子指着别人。

3. 遇到自己喜欢吃的饭菜可以适当多吃,但不能不让别人吃。

4. 对别人的辛苦付出,要给予肯定与赞美。

到别人家里不随便

吃完饭，钟小南嚷着要去楼下玩，于是爸爸便让钟小北带妹妹去楼下玩会儿，也熟悉熟悉小区的环境。

院子里有几个小孩子在玩，正好钟小北的好伙伴姚亮也在，一看到钟小北，便高兴地对钟小北说他爸爸刚给他买了一套长城拼图，邀请他一起去家里拼。

"这是我妹妹钟小南，等一会儿我把她送回家去，我们再一起拼吧！"钟小北说。

"我不回家，我要跟你一块去！"钟小南又习惯性地噘起嘴。

"那就带她一起去吧！"姚亮热情地说，接着他又加了一句，"不过，我们要小声点儿，我爸爸、妈妈在午休！"

第一部分
日常生活中的教养

钟小南想去拿高处的小摆件,幸好钟小北抬头看见了,连忙阻止道:"小南,别乱动人家的东西!"

姚亮也连忙站了起来,一边将柜子上的小摆件往后面挪了挪,一边对小南说:"这是妈妈送我的生日礼物,是水晶的,万一没拿住掉到地上就碎了……小南,我给你找个别的玩具吧!"

"这个给你玩吧!"姚亮翻箱倒柜给小南找了一个可以换装的仙女娃娃,说是他小表妹忘在他们家的。小南对

娃娃不感兴趣,反而想去抓猫。

"咪咪,别跑嘛!让我抱抱!"小南张开双臂去追小猫,小猫吓得上蹿下跳,然后钻到沙发下面去了。等小南趴在地上往沙发下面看的时候,却根本没有小猫的影子。钟小南闯进了姚亮父母的卧室。

"哈哈,你是在和我躲猫猫,是不

是？那你可要藏好啦，要不然我一会儿就抓住你了！"

钟小北和姚亮听到响动，连忙跑了过来。姚亮的爸爸、妈妈弄清楚事情原委之后，哭笑不得。他们告诉小南，小猫咪胆子小，看到陌生人会躲起来，等他们走了，猫咪才敢出来……

钟小北觉得很不好意思，连忙告辞要带小南回家。

可是小南像是想起了什么，跑进了姚亮的卧室。

钟小北好不容易说服钟小南放下手里的玩具，拉着不情不愿的她刚走出门，门就在身后"砰"地关上了，隐约听到姚亮妈妈对姚亮说："这孩子怎么这样啊，以后不许再叫他们来家里玩！"

钟小北觉得自己从来没有这么丢脸过。

第一部分
日常生活中的教养

家除了是居所外,更是全身心可以放松的地方,所以,家是一个比较私密的场所。我们不管是去亲戚家还是朋友家,都要尊重别人的生活习惯,以不打扰到别人的正常生活为前提。试想一下,如果钟小南同学来你家做客,你会欢迎她吗?要做一个受欢迎的人,当然要从一言一行做起。

1. 到别人家做客,不乱翻主人的东西,不在别人家里追逐打闹。

2. 未经允许,不轻易逗弄主人家的宠物,以免被宠物误伤和吓着宠物。

3. 不擅自进入别人的卧室。

4. 未经允许,走的时候不能拿走别人家里的物品。

 对父母和长辈要尊重

回到家后,爸爸发现钟小北闷闷不乐,就问怎么了。于是钟小北就把小南在姚亮家的表现告诉大家,还委屈地说以后再也不带钟小南出去玩了。

"唉,这孩子,真让人没有办法,说实话,我都怕带她去别人家……"二叔一脸的无奈。

"那你也不能老让她这么任性下去吧!"爸爸提醒道。

你们不许说我的坏话!

一旁的妈妈连忙拉过小南的手温和地说道:"小南,爸爸和大伯没有说你的坏话,他们只是在说如何让你做个有教养的好孩子!"妈妈的表情严肃了一点儿,"你知道吗,你刚才这样用手指着长辈就是没教养的表现!"

"对啊,小南,你都二年级了,该懂事了!"二叔也表情严肃地说。

"我不听,我不听!"钟小南用手捂住耳朵,使劲地

跺着脚。"砰"的一声关上了自己房间的门,二叔和二婶费了好大劲,才说服钟小南打开了门。

"小南,你还是跟你爸爸、妈妈回去吧!"爸爸突然把他们来的时候拿来的小南的行李放到客厅门口。

"为什么?"小南瞪大了眼睛。

"在我们家,要做到尊重长辈、懂规矩、讲礼貌,你不适合在我们家!"

"好吧,小南,既然大伯家不要你,等我们走了,你就自己一个人在家里吧!"二叔、二婶佯装拿起行李要走。

"我想在这里和小北哥哥一起,我不想一个人在家!"小南连忙拉着钟小北的胳膊,带着哭腔说。

"小南以后不再这样了,就让她在我们家吧!"钟小北替小南"求情"。

"对对对,我会听大伯、大妈还有小北哥哥的话,做一个有教养的好孩子!"

小南的爸爸、妈妈要走了,大家一起出来送行。小南和小北主动挥手告别,旁边的门卫大叔看见了,笑眯眯地

对钟小北的爸爸和妈妈说:"这两个孩子真懂事,挺招人喜欢的!"

钟小南的脸上露出不好意思的笑,不过她的心里喜滋滋的,被人喜欢原来这么容易。

1. 对父母、长辈要尊重,不能用手指着别人说话。

2. 不要为了表示不满,狠狠地关门、摔门,把东西弄出很大的响声。

3. 分别的时候,要和对方说再见,还可以说些美好的祝福语。

 要有良好的生活习惯

爸爸因为第二天一早就要去出差,所以晚上休息得早。钟小北也早早洗漱完,看了一会儿书,就上床休息了。

而钟小南呢?小北妈妈催了几次让她去洗漱休息,可是她抱着漫画书,只是嘴里答应,并不行动。

妈妈无奈,只好先去休息了。

钟小南第一次住在别人家,既兴奋又好奇,等别人都休息后,她便满屋子溜达,一会儿翻翻这里,一会儿看看那里。

溜达了一圈,小南也没发现有什么好玩的,可是她还不想睡觉,于是就打开了电视。

小北妈妈从卧室出来,对小南说:"小南,看电视不要声音开得太大哦,会影响别人休息的!你大伯明天还要早起出差呢!"钟小南只好不情愿地关了电视回自己的房间去睡觉了。

钟小北早早就起来了,他也赶紧过来帮爸爸寻找。要知道,爸爸的U盘里都是重要的资料,而且是出差要用的。

爸爸一边看时间,一边着急地四处寻找。

突然,钟小北看到沙发缝隙里有一个蓝色的东西,连忙拽出来一看,竟然是U盘。

"怎么会在这里呢？"爸爸奇怪地说，"我明明记得昨晚睡觉前，把U盘和文件夹放在一起的啊！"

"昨晚我们都睡了，就只有小南在客厅玩……我知道了，应该是小南拿着玩，然后随手扔到沙发上了！"妈妈有些无奈地说，"这孩子，不知道从什么地方取的东西放回到什么地方吗！"

吃完早餐,小北回房间做作业去了。妈妈收拾完卫生,也开始忙她的事去了。小南一直睡到十点多,才睡眼惺忪地醒来。她一醒来就喊:"大妈,我饿了!"

妈妈只好放下手头的事,给她重新热早餐。吃完后,妈妈又重新收拾了一次餐桌,洗了碗筷。

钟小北说:"小南,你以后不能再睡懒觉了!"

"为什么,我睡懒觉又不会影响到别人!"小南说。

"怎么不会影响别人,就是因为你不早点儿起来,增加了我妈妈的劳动量!"

日常生活中，自己一些看似很随意的行为，会在不知不觉中影响到别人，比如乱翻动别人的东西，拿了也不放回原处，别人用的时候找不到，这样会给别人带来很大的麻烦。

一个家庭中，家人之间的作息习惯大致保持一致也很重要，一个比较统一的作息时间，能保证家人拥有规律的健康生活。

1. 早睡早起，养成良好的作息习惯。

2. 不乱动别人的东西，用过的东西记得放回原处。

3. 当别人休息的时候，尽量不要发出声响。

7

自己能做的事自己做

钟小南住的房间原本是钟小北家的书房。这天,钟小北需要找一本书,便进了钟小南的房间。一推开门,钟小北就夸张地叫了起来:"钟小南,你怎么把房间弄得这么乱?"

没人收拾,自然乱了!

"什么叫没人收拾?你自己不会收拾吗?"钟小北瞪大了眼睛。

"我又不会收拾,在家里都是妈妈帮我整理房间的!"钟小南理直气壮地说。

"你不能什么事都等着大人做,在我们家都是自己能做的事情自己做,尽量不给别人添麻烦!"钟小北一边拾起地上乱扔的玩具,一边说,"你把东西都放回原来的位置,这总能做到吧!"小南按照小北说的去做。

这天,妈妈突然接到一个电话,有一些工作上的事要去公司处理。她很快地做好饭,叮嘱小北和小南自己吃,就匆匆赶去公司了。

吃完饭,钟小北一边收拾餐具,一边对小南说:"小南,我洗碗,你把桌子擦一下!"

钟小南噘起嘴:"你怎么老让我干活啊!"

钟小北说:"妈妈辛辛苦苦为我们做好了饭,又赶着去上班,这些活我们不做,难道要等妈妈回来做吗?"

"好吧,我不但要擦桌子,我还要扫地,谁让你现在是我的榜样呢!"小南觉得小北说得很有道理,就痛快地

答应了。

几天之后,钟小南收到了一个大大的包裹,里面除了好吃的,还有几本她最喜欢看的漫画书,原来,是妈妈为了奖励她,特意给她买的。钟小南很大方地和大家分享了自己的好吃的。

自己能做的事情自己做,不但可以减轻父母的负担,而且可以培养自己的独立性和自信心。从小干一些力所能及的家务,掌握一定的劳动技能,可以逐渐学会独立,不依赖他人,而且独立完成自己的事情,也会获得成就感,从而增强自信心。

1. 可以从日常的小事先做起,比如整理书包、书桌,把玩过的玩具及时放回原处。

2. 自己的衣服、鞋袜自己洗。

3. 主动帮父母做一些力所能及的家务。

8

勤俭节约是美德

妈妈半夜起来上卫生间的时候,发现卫生间的灯亮着,以为是钟小北或者是钟小南在上厕所,就在外面等着。可是过了好一会儿,里面还是没有动静,于是她轻轻地敲了敲门:"谁在里面?"

里面没有人回答,妈妈只好推开了门。

谁上完卫生间不关灯,害我等这么长时间!

一连好几晚,妈妈发现卫生间的灯总是一直亮着,原来,是钟小南每次上完厕所都不关灯。

"小南,你知道电是怎么来的吗?"妈妈问。

"发电厂发的啊!"钟小南想也没想就回答道。

"对,电是通过化石燃料燃烧产生的,而这个过程会释放出大量的二氧化碳和其他温室气体,从而影响全球气候变化。我们用的电越多,消耗的燃料就越多,对环境的影响也越大……如果我们每个人都能养成随手关灯的习惯,积少成多,就会节约不少的电,这样影响是不是就小一些……"

钟小南若有所思地点了点头。自此以后,每次上完厕所,她都会记着把灯关掉。

妈妈带小南和小北去逛超市。钟小南指了指钟小北推的购物车:"你看大妈,就买了那几样东西,你们家是不是没钱呀?"

钟小北突然之间不知道如何回答。

妈妈听到了,她笑着对钟小南说:"这和大妈家有没有钱没关系,只是因为大妈家现在就缺这几样东西,别的暂时不需要,咱们就先不买了!"

"爸爸、妈妈走的时候,给我钱了,今天我请你们!"钟小南从自己的小包里掏出几张钱,俨然一副"有钱人"的派头,还打算点一桌子菜。

"小南,爸爸、妈妈给你钱是备用的,不是让你乱花的!"妈妈连忙帮她把钱装回包里。

"我请你们吃饭,怎么是乱花呢?"钟小南说。

"对,你请我们吃饭,不是乱花钱,可是如果明明知道吃不完这么多,还点这么多的菜,就是乱花钱了,知道吗?"钟小北不失时机地又给小南上了一课,"而且食物来之不易,更不能浪费!"

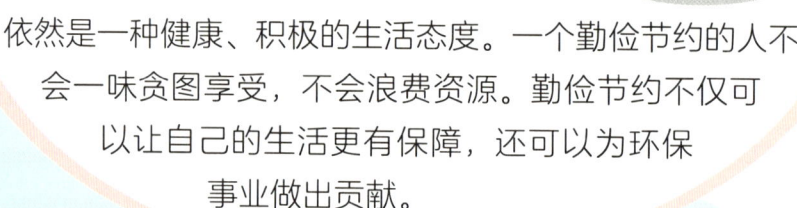

勤俭节约是中华民族的传统美德。虽然在现代社会，随着经济的发展和人们生活水平的提高，物质生活已经极为丰富，但是勤俭节约依然是一种健康、积极的生活态度。一个勤俭节约的人不会一味贪图享受，不会浪费资源。勤俭节约不仅可以让自己的生活更有保障，还可以为环保事业做出贡献。

1. 节约水、电资源，日常生活中养成随手关闭水龙头、电器开关的习惯。

2. 理性消费，在购物前明确需要购买的商品和数量，尽量不购买不必要的东西。

3. 外出用餐，吃多少点多少，避免造成食物浪费。

第二部分

社会交往中的教养

1
尊重每一个人的职业

自从被门卫大叔夸奖了之后,钟小南突然意识到,有教养的孩子才会被喜欢。

她对钟小北说:"小北哥哥,我也要做一个有教养的好孩子,你要监督我,好不好?"

钟小北高兴地说:"那你可要说话算数哦,我指出你问题的时候,可不许耍赖!"

爸爸、妈妈相视一笑,他们终于舒了一口气。

正在这时候,门铃突然响了,原来是爸爸请的修理空调的师傅来了。

钟小南撇了撇嘴,嘴里嘀咕着:"他又不是家里来的客人,这么热情干吗?"

尽管她的声音很小,维修师傅还是听见了,他尴尬地端着水杯,不知道该不该喝。

"小南,叔叔是我们请来的,自然也是我们的客人,你去给叔叔把洗好的水果拿来。"妈妈连忙在一边打圆场。

看到小南不情不愿,小北悄声对她说:"小南,你忘了自己刚才说过什么了?"

小南猛然想起之前自己说的话,连忙跑去拿水果。

"我就说嘛,我们小南这么聪明,肯定是个人人都夸赞的好孩子!"维修师傅走后,爸爸表扬了钟小南。

"您不能只是口头表扬啊,得来点儿实际的,对不对?"钟小北凑了过来。

"好吧,那就奖励你们吃雪糕!"爸爸回复说。买了雪糕,小南随手就把雪糕纸丢在地上。

　　钟小南说完，便冲着不远处的一位清洁工大妈喊道："喂，这里有垃圾，快来扫！"

　　钟小北连忙拉住她："你别这样冲着人家喊，不礼貌！"说着，他弯腰捡起小南扔的垃圾，对走过来的清洁工大妈抱歉地说："没事了，大妈，我们自己捡！"

其实,每个人都想得到肯定与赞扬,钟小南也愿意改变自己一些不好的做法,但教养并不只是表面上单纯地有礼貌,而是根植于内心的善意与尊重。只有保持礼貌和谦虚的态度,才能在待人接物上表现出真正的有礼有节有教养。

·教·养·有·方·

1. 对任何职业的人都应该友善、尊重。

2. 不随手乱扔垃圾,要尊重清洁工的劳动成果。

3. 不对别人大呼小叫,尤其对年长的人,不能喊"喂",要加称呼。

 公共场合保持安静

钟小北和钟小南沿着路边的人行道一边吃雪糕,一边往回走。突然,人行道上出现了几个小孩子,他们边跑边打闹,互相追逐着跑了过来,几个行人连忙停下脚步给他们让路。小南还没来得及躲闪,一个男孩就"咚"地撞到了她的身上。

"你们……你们撞了人怎么也不说声对不起!"钟小南回过神来,冲着那些孩子喊,可是他们谁也不搭理钟小南,互相推搡着跑远了。

"唉,这些孩子太没教养了!"路人们纷纷摇头。

"看,他们这就是不注意自己的行为,招人厌吧?"钟小北说。

"对,他们真讨厌!"雪糕没吃到,衣服还被弄脏了,钟小南很是气恼。

"所以,我们是不是应该注意自己的言行呀?"钟小北问。

钟小南想了想,点了点头。

钟小北带着钟小南去社区文化室看书。

第二部分
社会交往中的教养

　　文化室内，两个男孩正在争一本书，谁也不让谁。没拿到书的便动手去抢，拿到书的转身就跑，两人绕着文化室的桌子转圈，文化室里下棋的、看书的人都开始皱眉摇头。终于一个下棋的大爷生气地说："你们再跑来跑去，就不许再到文化室来了！"

　　可这两个孩子并不在意，依然不停地追逐打闹。

大爷摇了摇头,嘴里嘀咕道:"真没教养!"说完,站了起来,"太吵了,不下了!"

其他人也纷纷站了起来,离开了文化室。

"我们也走吧!"钟小北对钟小南说。

其中,一个男孩对他们俩说:"喂,别走啊,他们都走了,只剩我们玩才好呢!"

"我们才不和没教养的孩子玩,是不是,小北哥哥?"

"哈哈,你现在发现没教养多不招人待见了吧?"钟小北笑着说。

好动是大多数孩子的天性，追逐打闹不是不可以，但是要分场合，每个场合都有特定的规则与秩序，有教养的孩子懂得遵守这些规则，在需要保持安静的地方不打闹、不喧哗，不影响他人。

教·养·有·方

1. 不在人行道上追逐打闹，横冲直撞。

2. 无意中撞到了人，或者损坏了别人的东西，要立即说对不起，请别人原谅，并主动承担责任，承诺给予补偿。

3. 在公共场合不大声交谈、喧哗，更不能吵闹。

3
自己的行为不影响他人

  这天,妈妈打算带钟小北和钟小南去动物园玩。因为动物园在郊区,所以他们得坐公交专线去。

  去动物园的人很多,公交车刚驶进停靠的站点,还没停稳,几个小朋友就不停地往车门跟前挤,他们都想早点儿上车。

  妈妈主动让到一边,让一个拎着两个大包的人先上去了。小南他们来到一个座位前,后面的小男孩却不让她坐,说:"这是我占的位子。"

  "同学,公交车还可以占座位吗?"妈妈和气地问那个男孩。

第二部分
社会交往中的教养

"谁让我上来得早呢?"男孩理直气壮地说。

妈妈无奈,只好牵着小南继续往后面走。

钟小北原本找到了一个座位,可是他刚坐下,后面上来了一位老奶奶。

车子到达下一站的时候,下去了几个人,妈妈和小北、小南总算有座位坐了。

车外虽然夏日炎炎,但车内有空调,温度舒适。小北和小南欣赏着窗外的景色,突然小南的鼻子抽了抽,回头看向车内:"什么味道这么难闻?"

大家都闻到了这股味道,纷纷四处环顾,很快就找到了味道的来源,原来有个小姑娘正在吃榴莲。

第二部分
社会交往中的教养

"榴莲味道这么冲,怎么能在公交车上吃?"大家纷纷议论,可是小姑娘无动于衷。

之前钟小北给让过座位的那个老奶奶忍不住了,说:"小姑娘,你能不能不要在车上吃这么难闻的东西?"

"这是榴莲,虽然味道不好闻,但是很好吃的!"小姑娘好像根本没明白老奶奶的意思。

"车上空间密闭,人又多,你觉得好吃,但是你有没有考虑车上还有其他人……"

"对啊,家长和老师难道没有告诉过你,做事不能影响到别人……"

在大家嫌弃的眼神中,小姑娘在下一站匆匆下车了。

许多没有教养的行为,其实都是一种以自我为中心,不考虑别人的感受的心理造成的。若我们能换位思考,设身处地为他人着想,那时所表现出来的言行,自然会让人觉得舒服。

教·养·有·方

1. 乘车注意安全,不拥挤、不插队,有序上车,不抢占座位。

2. 遇到需要帮助的人,主动施以援手,对人有礼貌,经常说文明用语。

3. 在公共场所,尤其是相对比较密闭的空间,不吃有怪味的食物。

外出游玩要遵守规章制度

一进动物园,首先看见的是熊猫主题广场,树杈上、竹子上挂着许多毛绒"小熊猫"。在广场中间,是一个由许多"小熊猫"拼装成的"大熊猫",看起来憨态可掬。据说是最近才装饰起来的。

"咦,这大熊猫身上怎么这么多洞?"钟小南奇怪地问,"像受伤了一样。"

"应该是有人拿走了大熊猫身上的小熊猫吧!"钟小北分析道。

正说着,便听到了旁边一个小女孩的哭闹声:"我要小熊猫,我要小熊猫!"

"钟小南,你不是也嚷着要熊猫吗,也去拿一个吧!"钟小北故意逗小南。

"我才不要呢,不然你又觉得我没教养了!"小南轻哼一声。

"哈哈,对,我们小南真棒!"妈妈笑着说,"鉴于小南同学表现越来越好,我要给你买一只小熊猫,作为奖励!"

广场的另一角,一个人扮成充气熊猫,正在给孩子们发动物园游览须知,一个孩子突然从后面踹了"熊猫"一脚。

充气熊猫一个趔趄,差点儿跌倒。他摇摇晃晃的样子逗得围观的人哈哈大笑,有几个孩子也趁机上前去,有的踢熊猫的屁股,有的拉扯熊猫胳膊,捉弄"大熊猫"。

"钟小南,住手,你这样太不像话了,这里面是动物园的工作人员,你有点儿教养好不好!"钟小北突然拉住钟小南大声地说。

"我什么都没干!"站在边上的钟小南感到莫名其妙。不过,那些正在围观自己孩子恶作剧的家长,都开始呵斥自己家孩子,让他们停止动手动脚。

"你这招'苦肉计'用得妙!"妈妈悄悄冲着钟小北竖起大拇指。

一个孩子一边朝孔雀扔石头,一边喊:"快开屏!快开屏!"这次,幸好工作人员及时发现了,过来制止了那个孩子,孩子转身跑到别的地方去了。

"快看快看,孔雀开屏了!"围观的人突然惊喜地叫了起来。

"看来,孔雀是不喜欢没教养的孩子!"人群中有人开玩笑地说道。

妈妈看到有两个小同学往写着"游客止步"的牌子的方向走去,连忙喊住了她们:"同学,那边不能去哦!你们看,牌子上有提示哦!"

那两个女孩子这才注意到路边的牌子,连忙对妈妈说了声:"谢谢阿姨提醒!"

"这两个姐姐有礼貌的样子真好看!"钟小南说。

"所以呢?"钟小北故意问道。

"我也要和她们一样好看!"钟小南说。

在一定程度上,教养是一个人品质和人格魅力的体现,生活中遇到的那些让人觉得厌烦的"熊孩子",归根结底都是缺少正确的引导和影响,他们不知道什么事该做,什么事不该做。其实一个人只要秉持尊重他人、爱护环境、乐于助人的原则,他的言行举止就能得到别人的敬佩和赞扬。

教·养·有·方

1. 爱护公物,不贪小便宜,不拿、不破坏商场或园区用于装饰的物品。

2. 广场、商场等地方的充气玩偶都是由工作人员装扮的,和他们互动要文明礼貌,不能推搡、踢打、辱骂。

3. 爱护动物,不向动物投掷东西。

4. 外出游玩的时候,要遵守规章制度和旅客须知,不擅自进入禁止入内的地方。

第二部分
社会交往中的教养

心中常怀尊重与善意

假期很快就要过去了,这天晚饭后,爸爸带着钟小北和钟小南去附近的公园玩。在公园的一个角落,一个小男孩在练习吹萨克斯,因为是刚开始学,吹得有些断断续续。

钟小北看了看爸爸,只见爸爸会意地给了他一个鼓励的眼神,于是他走了过去,一脸羡慕地对小男孩说:"天啊,你竟然会吹萨克斯,太厉害了!"

小男孩有些腼腆地说:"我才开始学呢!"

"才开始就可以吹得这么好,你都不知道,有多少人刚开始吹都吹不响呢!"

"是吗?"小男孩半信半疑。

"对啊,我哥哥就吹不响!"钟小南在旁边"助力"。

"这样看来,我还不是太差劲……"小男孩之前的窘迫明显消失了,而且还显出几分自信来,"不过,我还要好好练才行!"

另一边有几个孩子在围堵一只小流浪狗,有的孩子拿石头扔向小狗,有的拿着棍子捅小狗,小狗蜷缩着身子瑟瑟发抖。

"住手!"突然一个稍大点儿的男孩拦在了那几个孩子面前,"不许打小狗!"

"它又不是你家的狗!"手里拿着石头的男孩说。

"对,它是一只流浪狗!"另一个手里拿着木棍的男孩说。

"流浪狗也是一条生命,它们也会疼、也会伤心难过……你们不喜欢可以远离,但不能伤害它!"大男孩说。

"这两个孩子心地真善良、有爱心!"

"从小有爱心的孩子长大了肯定不会错!"

"看,这就是有教养和没教养的区别!"

周围的人纷纷议论,看到周围的人都支持大男孩和钟小北,那几个小男孩只好扔下石头和木棍,悻悻地离开了。

　　爸爸带着他们往回走的时候，路过一个十字路口，因为这个路口没有红绿灯，车来车往，他们站了好一会儿，都没等到合适的时机过马路。这时候，一辆小汽车慢了下来，然后停下，示意他们先过去。

　　"这位叔叔是个好人！"钟小南说。

　　"对，他是个好人，而你们对别人的好知道表达感谢，这说明你们也是很好的孩子哦！"爸爸赞许地说。

"良言一句三冬暖，恶语伤人六月寒"。给别人适当的鼓励与赞扬是一种教养，尊重每一个弱小的生命更是一种教养。一个人的教养并非与生俱来，而是通过学习和实践在潜移默化中逐渐养成的习惯。只要同学们能认识到教养的重要性，就一定会在不自觉中提高自己的品行。

教·养·有·方

1. 对任何人的努力，都不能轻视和打击，而是要多给予肯定和鼓励。

2. 尊重每一种生灵，对待流浪的小动物，要有怜悯之心，不伤害它们。

3. 尊重是相互的，对别人的尊重应当给予回应。

6 爱护环境人人有责

钟小北的爸爸、妈妈休假了，决定带他和钟小南去旅游，看看祖国壮美的山河。他们坐着船沿着长江三峡顺流而下，两岸奇峰耸立、风景秀美，人就像是在画中游一样。小北和小南特别兴奋。大家一起站在船舷上，眼睛应接不暇地欣赏着沿途的美景，突然看到有人往江里扔垃圾。

钟小南悄悄地对钟小北说:"这么一点儿小小的垃圾扔到这么大的江里,一下子就冲没影了,这些人欺负人家小孩子!"

"不是这样的哦!"钟小北说,"你想一下,如果每个人都觉得自己扔一点儿垃圾无所谓的话,这江面早就漂满垃圾了,哪来这么清的江水?"

"而且,有些垃圾分解后会产生一些有害的东西,直接伤害或杀死水里的生物,改变水生生物的生存环境,破坏生态平衡……"爸爸接着说,"所以,别看只是乱丢垃圾这一个小小的动作,对环境的影响可大了!"

小南认真地点了点头。这一路,不管她走到哪里,不但自己不乱扔一点儿垃圾,而且看到别人扔的垃圾,还会主动捡起来扔进垃圾桶。

第二部分
社会交往中的教养

成为大家的榜样,钟小南嘴上不说,心里却美滋滋的。

地球是我们的家园。在这个家园里,除了人类,还有许多的动物、植物、微生物,它们都是这个家园的一分子。清洁的水和空气是所有生物健康生活的基本条件。所以,爱护环境、维护生态平衡就是保护我们的家园。古建筑也是环境的一部分,而且承载着重要的历史文化价值,我们更应该好好保护。

1. 不往江水里乱丢垃圾、倾倒有毒有害的液体。

2. 尽量减少使用一次性塑料制品(如塑料袋、餐具等)。

3. 学会垃圾分类,将可回收物和有害垃圾分类投放。

7 文明礼貌受尊重

爸爸、妈妈带着钟小北和钟小南徜徉在古镇明媚的阳光下,一边欣赏精美的古建筑,一边品尝当地的特色小吃,其乐融融。

突然,不远处传来一阵喧闹声,他们好奇地凑过去。

原来,女孩的妈妈刚才买了一杯奶茶,转身时,不小心和后面的一位女士撞在一起,奶茶溅了对方一身。两个人都认为是对方的错,互不相让,便争吵起来。围观的人纷纷劝说,但无济于事,眼看着她们越吵越厉害,那个小女孩突然从妈妈身后走了出来。

围观的人安静了下来，大家都静静地看着眼前的一幕。

刚才还互不相让的两个人，神色变得柔和起来，甚至都有点儿不好意思。

那位年轻女士的语气也变得温和了："好吧，小朋友，看你这么懂事，我就不和你妈妈吵了！"说着，转身就要离开。

女孩妈妈见状，连忙说道："真不好意思，要不我赔您点儿钱吧！"

"算了算了，其实也没多严重……"

一场风波就这样被化解了，围观的人都向小女孩投去赞许的目光。

钟小北一家继续逛古镇，转过一个街角，看到一家冰激凌店前排起了长队，钟小南也想吃，钟小北就带着她排队等候。

钟小南悄悄问钟小北:"不是说不许插队吗?"

"如果有人不想排队等候,故意插队肯定是不允许的。但是,如果真的有急事,而且又礼貌地征求了其他人的意见,大家其实也是乐意让他插队的……"

"原来,人们都喜欢讲文明懂礼貌的人啊!"钟小南恍然大悟。

在和他人的交往中，有没有礼貌、使用不使用文明语言，产生的效果大不相同。讲文明讲礼貌，可以消除误解，缓和矛盾，平息纠纷；而粗话脏话就会引起风波，激化矛盾，还会影响个人的形象和声誉。因此，我们应该学会使用礼貌的语言与他人交流，以建立积极、和谐的人际关系。

1. 说话的时候尽量用"您好、请、谢谢、打扰了"等礼貌用语。

2. 行为举止大方得体，态度谦逊有礼，注意自己的仪态和肢体语言，保持适当的眼神接触和微笑。

3. 自觉遵守社会法律、道德规范和规章制度，不做违法乱纪的事情。

8

社会责任不可缺

钟小北家附近有个广场，这天，爸爸带着钟小北和钟小南去广场上玩，广场上人很多。钟小北看见广场中央挂着一条横幅，上面写着"奉献爱心，为灾区人民重建家园助力"。

前面的桌子上放着好几个捐款箱，不时有人将钱投到里面。钟小南好奇地问："大伯，他们在干吗？"

钟小北抢着说："他们在为灾区捐款，爸爸，我们也

捐一点儿吧！"

"我们又不认识他们，为什么要把钱给他们？"钟小南更疑惑了。

"我们虽然不认识他们，但作为社会的一员，帮助灾区人民渡过难关，是社会责任的一种体现！"

因为广场上人多，钟小南一不小心走丢了，找不到大伯和钟小北了。她站在广场上，看着人来人往，不由得心里有点儿慌。

突然，一个穿红色马甲的大姐姐走了过来问她："小朋友，是不是找不到家长了？"

钟小南警惕地看了她一眼，没有说话。

"别怕，我是志愿者！"大姐姐让小南看了看她胳膊上的袖标，"你告诉我你家长的电话，我给他打电话！"

大姐姐给钟小北爸爸打了电话，很快，他们就来了。

"大伯,什么叫志愿者?"钟小南问。

"嗯,志愿者嘛,就是参加一些相关的团体组织,自愿不计回报地为社会、为别人提供帮助和服务的人。"

"他们为什么要这样做?"钟小北问。

"因为他们有社会责任感。自己有一定能力的时候,就想为社会或者别人做一些事情,让大家的生活更好!"小北爸爸说。

"我们也做志愿者吧!"钟小南突然兴奋地说。

"可我们是小孩子,能做什么呢?"钟小北问。

"你看,共享单车都倒了,咱们去扶起来吧。"因为扶共享单车,钟小南的衣服也弄脏了,可是她心里很高兴。

"天气太热了,我们去买个雪糕吃吧!"钟小北提议。

"我们还是回去喝水吧。"钟小南说,"我们要把钱节省下来,在需要的时候用来帮助别人!"

社会就像是一个大家庭，每个人都是家庭中的一员。为了让生活更好，每个人都应该承担起责任和义务，只要人人都贡献出一点儿力量，世界就会充满温暖和希望。

1. 积极、热心参与集体活动和公共事务。

2. 从小事做起，力所能及地帮助别人。

3. 注重自我修养，增强自我约束力。

第三部分

学校生活中的教养

1

有时间观念并遵守承诺

假期生活总是过得很快，转眼间新的学期开始了。

钟小北和钟小南在同一个学校，而且离学校也不远，所以，钟小北承担起每天带领钟小南上学放学的任务。

"钟小南，你能不能走快点儿，今天是开学第一天，你再磨磨蹭蹭就要迟到了！"钟小北一边看手表一边着急地催促着钟小南。

"没事，以前我们家住得远，我经常迟到，老师也不批评我……"钟小南得意地说。

"那你也不能故意迟到吧！"

"好吧好吧，我快点儿还不行吗？"钟小南嘴里说着，但脚下的速度并没有快起来。

等快到校门口的时候，老远一看，门口只剩下值班老师的时候，钟小南才慌了，加快了脚下的速度。

第三部分
学校生活中的教养

到了校门口,钟小南头一低,就想往里溜。她嘴里嘀咕道:"本来不会迟到,这一耽误,肯定要迟到了!"

"迟到确实不好,但是作为学生,见到老师问好,是最起码的礼貌吧!"钟小北认真地说。

因为是开学第一天,钟小北决定先送小南去教室。

等两人气喘吁吁地跑到钟小南所在的教室跟前,教室的门关着,里面传来老师的声音。

"看,我说你害得我迟到了吧!"钟小南瞪了一眼钟小北。

"你不是不怕迟到吗?"钟小北狡黠地笑了一下,转身朝自己的教室跑去。

钟小南同学,我知道你现在住得挺近的,怎么还迟到?你知不知道,迟到会打断老师讲课、耽误同学们听课!

原来，在开学之前，钟小北的妈妈已经将钟小南的情况和老师做过沟通。

"都怪钟小北，他肯定知道这件事，就是不告诉我，害得我挨老师的批评，哼，再也不理他了！"钟小南生气地想。

第一节课刚下课，同桌李萌萌便从书包里掏出一个毛线编制的小南瓜，递到钟小南面前，说："送你的新学期礼物！"

钟小南之前的郁闷一扫而空，高兴地接了过来，拿在手里翻来覆去地看，赞不绝口："哇，真漂亮！"

　　李萌萌怔了一下,脸上露出失望的表情,她缩回了手,默默地坐正身子,一个上午,再没和钟小南说过话。

　　原来,这是她们俩放假之前的约定,说好在新学期开学的第一天,要互相送对方一个礼物,可是钟小南把这事忘得一干二净。

　　学校不光是学习知识的地方,更是培养孩子高尚的道德情操的地方。所以,不迟到、不早退、尊重老师、爱护同学等这些看似很平常的行为习惯,实际上是培养小学生自律和自我管理能力的关键,更能体现出一个孩子的教养。

教·养·有·方

1. 养成良好的时间观念,按时到校,不无故迟到或者早退。

2. 见到老师要主动问好,见到同学要主动打招呼。

3. 答应别人的事要尽力做到,实在做不到的,要向对方说明原因,并请求谅解。

2

保持安静的学习氛围

同学们一个假期没见面,一开学就迫不及待地分享起自己假期生活,似乎有说不完的话。这不,坐在钟小北后排的赵小宇和他的同桌因为假期他们的父母带他们出去旅游了,两个有着共同话题的同桌兴奋地分享着各自的所见所闻,就连上课的铃声也阻止不了他们聊天的兴致。

　　老师听到声音往下看的时候，他们两个立刻坐得端端正正，一副认真听讲的样子，可是只要老师一低头看书或者转身在黑板上写字，他们俩立马又说起来。老师不得不一次又一次抬头寻找声音的来源，并用眼神示意他们不要讲话。

　　无奈，老师只好停下讲课，对他们进行了批评教育。

　　结果，这节课该讲的内容到下课的时候没能全部讲完，老师只好占用大家课间休息的时间继续讲。

　　隔壁班的同学已经下课。有几个同学从这个教室前门追进去，又从后门跑出来，随即又跑进另一个教室。可以看得出来，其中两个同学是一伙的，球在他们两个手里传来传去。追的那个同学累得气喘吁吁，引得许多学生起哄围观。

　　一个同学正在走路，没来得及躲闪，被前面跑的同学踩了一脚，疼得呲牙咧嘴。

第三部分
学校生活中的教养

他们很快又追逐到了二楼的阳台上,追的那个同学眼看着要拽住那个拿球的同学了,另一个同学喊了一声,"来,传给我!"

　　拿球的那个同学便将球朝喊的那个同学扔去,结果扔偏了,球朝楼下飞去。

　　晚上回到家,钟小北向爸爸妈妈说起白天学校发生的这件事,还说老师严厉地批评了他们。妈妈说:"幸好球只是落在老师手里的书上,如果落在老师或者学生的头上,后果不堪设想!"

　　"对啊,所以你要记住,和同学玩耍的时候,要有度,不能有过激的行为,更不能从楼上乱扔东西……"妈妈对钟小北说。

　　"小北哥哥才不会有这些不好的行为呢,是吧,小北哥哥?"因为钟小南有事要求于钟小北,连忙拍了一下钟小北的"马屁"。

第三部分
学校生活中的教养

学校是学生学习的地方,老师是给学生传道授业解惑的人,学生是想获得知识的人,学校需要有良好的学习氛围,而良好氛围的营造需要规则与制度。所以,在学校,学生必须遵守校规。

1. 在课堂上认真听讲,不说话,不玩闹,保持安静。

2. 课间不在教室、楼道推搡打闹。

3. 不从楼上往下扔东西。

对别人的失误不嘲笑

上学路上,钟小南可怜巴巴地看着钟小北说:"小北哥哥,你帮我想想,我该怎么办?"

"发生什么事了?"钟小北奇怪地问,他还是第一次看见钟小南一脸苦闷的样子呢。

于是钟小南告诉钟小北,她忘了在放假之前和同桌李萌萌的约定,现在李萌萌都不理她了。

"唉,谁让你不遵守约定呢?现在只能向她道歉,承认自己的错误,请她原谅了!"钟小北说。

"才不呢,她不理我,我也不理她!"钟小南嘴里说着,心里却觉得空落落的。

这时,一个小女生踩在香蕉皮上,脚一滑摔倒了。

第三部分
学校生活中的教养

正巧被经过的钟小南看见了,她连忙过去扶起那个摔倒的同学,对围观的那几个同学说道:"摔倒了有什么好笑的,难道你们没摔过跤?你们知不知道,嘲笑别人是没教养的行为!"

那几个同学被钟小南有理有据地"教训"了一顿,灰溜溜地走了。

做了好事,连声谢谢都不说,钟小南觉得有些郁闷。不过她立马想到大伯常常对她和小北说,对人要宽容大度,她便又开心起来。

这一幕,正好被不远处的李萌萌看见。

下午是新学期的联欢会,同学们都拿出家长为自己准备的各种好吃的零食,他们一边做游戏互动,一边品尝着彼此带来的零食。

　　就在大家都嘲笑李萌萌的时候，钟小南拿起李萌萌面前的馅饼，大大地咬了一口，随即夸张地叫了起来："哇，怎么这么好吃啊！"

　　"真的吗？"有同学不相信地问。

　　"当然了，我真的很喜欢，你们不吃我可就吃光了！"

　　"我尝尝……"

　　"我也尝尝……"

谢谢你,小南!

萌萌,对不起,我之前忘了我们的约定,是我错了。我向你道歉,你别生气了好不好?

看着同学们不再嫌弃她的馅饼,李萌萌的脸上露出如释重负的笑容。

李萌萌笑着说:"其实,今天早上我看到你那么勇敢地帮助那个摔倒的同学的时候,我就已经原谅你了。对了,我发现经过一个假期,你好像和以前有些不一样了!"

"是吗?"钟小南故意问道,"哪里不一样了呢?"

"嗯,我说了你可别生气哦……你以前任性,还有点儿小自私,从来不考虑别人。但是现在,我发现你会为别人着想了,而且也不轻易发脾气了……以后我要向你学习!"

教养是在潜移默化中形成的,有教养的人身上仿佛有光,让人觉得温暖,想靠近。从钟小南的身上,我们看到了她的变化。

其实,只要愿意改变,每个人都可以变得更好。

·教·养·有·方·

1. 谁都会有失误的时候,看到别人摔倒了,我们不要取笑,要赶快上前搀扶。

2. 别人帮助了自己时,要表示感谢,不要理所当然地认为这是别人应该做的。

3. 不因为小事情与人斤斤计较,要有宽容大度的胸怀。

4. 对自己的错误要勇于承认。

4

不给同学起外号

这学期钟小北班上新转来一个女同学,姓朱名珠,叫朱珠。刚开始同学们叫她朱珠,还觉得挺亲切好听,可是这周五上体育课的时候,大家都在跑步,朱珠因为长得胖,有点儿跑不动。跟在她后面的一个同学不怀好意地说:"胖猪猪,你倒是跑快点儿啊!"

结果这个外号很快就传开了。

星期一，朱珠没有来学校，朱珠的妈妈来学校了。原来，上周五朱珠回家后就开始不吃饭了，说是要减肥，爸爸妈妈怎么劝都不听，一连两天，只喝水不吃饭，把自己饿得头晕眼花有气无力。这还不算，她还说不想上学了。妈妈这才意识到问题的严重性，来学校找老师了解情况。

钟小北去办公室抱作业本的时候，正好听到班主任在叹气："唉，我们班的苟豪志啊，就是喜欢乱给别人起外号！"

"我倒有个办法！"钟小北眼珠一转，悄悄跟班主任"密谋"起来。

"老师,钟小北给我起外号!"苟豪志去找班主任告状。

"现在知道了吧,别人给你起外号,你心里会不舒服吧?"老师说。

"老师,我知道错了,我以后再也不给同学乱起外号了!"苟豪志红着脸说。之后,他向朱珠道了歉,朱珠也原谅了他。

课间做作业的时候，苟豪志遇到了麻烦。

"这道题我正好会做，我给你讲吧！"钟小北热情地跟他说。

"钟小北，他是个喜欢捉弄人的坏孩子，你以后别和他来往了！"钟小北的好朋友悄悄地拉了拉他。

"他既然知道错了，而且这么长时间，也没再给别的同学起过外号，大家就不要再提以前的事了！"钟小北说。

"己所不欲，勿施于人"。有教养的人是会感同身受的。所以，在做事情之前要先想一想，如果是自己被这样对待，会有什么样的感觉。另外，人难免会犯错误，但是如果对方已经认识到错误，就不要再抓住对方的错误不放。

1. 不议论别人的长相，不给同学起外号。

2. 不揭别人短处，给别人留面子。

3. 不抓住别人的错误不放。

5 尊重别人的秘密

第一次测试成绩出来了,可是老师并没有公布每个人的成绩,只是将试卷发给同学,让自己看。

顿时,教室里分成了两派。

一派是成绩考得好的,手里的试卷只差扬到别人的脸上去。

另一派是成绩考得差的,匆匆瞥一眼试卷,就塞进书包里。

王静的同桌石磊又没考及格,他还没来得及把试卷塞进书包,就已经被眼尖的王静看见了。

钟小南这次也没有考好，十分沮丧，她很想知道好朋友李萌萌考了多少，可是她看见李萌萌已经把试卷塞进了书包，明显是不想让她知道，看来，李萌萌这次也没考好。钟小南有了一个想法：我要不要从李萌萌书包里拿出卷子看下她的分数呢？

第三部分
学校生活中的教养

就在钟小南犹豫不决的时候,王静走了过来:"钟小南,你是不是想知道李萌萌考了多少分,赶紧拿出来啊,我也看看!"

"这样不好吧?"钟小南还是有些迟疑。

"你们不是好朋友吗?好朋友还有啥秘密?"王静说着就要伸手去翻李萌萌的书包。

没想到李萌萌不知道什么时候已经站在她们身后,她拿过来自己的书包,从里面抽出试卷,递给王静:"你不是想看我考了多少吗?拿去看吧!"

王静有些尴尬地接了过来,打开一看,竟然是一百分。

"你考得这么好,为什么还要藏起来啊?"钟小南不解地问李萌萌。

"你这次没有考好,我怕你知道了我的分数会心里不舒服……"李萌萌解释道。

钟小南突然觉得心里暖暖的。

这就是教养的魅力，除了提升自我，让自己变得更好，还可以在无形中感染周围的人，让他们也愿意做出改变，向着更好的方向发展。做个有教养的人，会让世界变得更加和谐美好。

1. 不嘲笑学习不好的同学。

2. 尊重别人的隐私，设身处地地为别人着想。

3. 关系再好的朋友，未经允许，也不可以私自翻朋友的书包取东西。

6

爱护公共财物

钟小北所在的班级这节课是体育课，体育老师从器材室领来了好几样体育器材，同学们有的跳绳，有的打乒乓球，钟小北和几个同学在踢足球。

突然，一阵风刮来，有雨点儿落了下来。

"下雨了，同学们快回教室！"体育老师连忙喊。

其实，没等老师喊，同学们早就争先恐后地朝教室跑去了，只有钟小北打算去把球都捡回来。

钟小北迟疑了一下,还是决定去把球捡回来。结果,他不但捡回了他们的球,还在操场边上捡到了遗忘在那里的一根跳绳。

这一切都被体育老师看在眼里,他当着全班同学的面表扬了钟小北,说他爱护公共财物,认真负责,让钟小北当上了体育委员。

钟小南做作业的时候,课桌总是左右摇晃。

"找个东西垫一下就行了!"同桌热心地给她出主意。

可是用什么东西垫呢?

钟小南赶紧把漫画书小心翼翼地抽了出来,还细心地擦了擦上面的土。

"你这是干什么?"同桌不解地问。

"图书馆里的书是学校提供给同学们看的,是公共财物,小北哥哥说,如果我们都不爱护书籍,这些书很快就会被弄得又脏又破,想看的同学就没法看了!"

钟小南说着,把书还给同桌:"你要是看完了,就赶紧还回去吧!"

"我本来是帮你,你反而还教训我,哼!"同桌不高兴了,有好几天都对钟小南爱搭不理的。

突然有一天,同桌从教室外面跑进来,兴冲冲地塞给钟小南一支棒棒糖。原来,她刚才去图书馆还书,正好看到有同学在还书。

你每次把书弄得又脏又破,会影响其他同学借书的,以后一定要注意啊!

"那天多亏你没用漫画书垫桌子腿,不然把书弄脏了,管理员老师以后也就不会再借给我书啦!"同桌晃了晃手里的两本书,"瞧,老师说我把书保护得好,还特意多借给我一本呢!"

学校的公共财物是供所有人使用的,如果大家都不注意爱护公共财物,会导致这些东西损坏或丧失使用功能,不但影响其他人使用,而且自己想再使用的时候,也会受到限制。所以,爱护公共财物是每个人都应该具备的良好的教养。

教·养·有·方

1. 不在墙壁、课桌、书籍上乱涂乱画,搬动桌椅板凳轻拿轻放。

2. 不随意爬树,不摘花枝,不践踏草坪。

3. 用完的体育器材、实验工具等要及时交还。

7 不显摆、不攀比

为了联系方便，妈妈给钟小南买了一个电话手表。

下课了，钟小南拿出电话手表开始"研究"，不同的手机铃声引起了同学们的好奇，都围过来看。

"这个表盘可以设置成自己喜欢的各种图案，还可以随时看消耗了多少卡路里呢！"钟小南一边操作，一边向同学们展示手表的各种功能。

"哇，真是太酷了！"有几个同学赞叹地说。

"这有什么了不起的,不就是个电话手表嘛,我妈给我新买的升级版学习机,上面还可以玩游戏呢!"

同学们一听可以玩游戏,立即又凑到了赵莹身边。赵莹脸上露出得意的表情,还冲着钟小南做了一个鬼脸。

钟小南郁闷极了。

钟小北的妈妈下班后,刚进到屋里,正好听见钟小南想要学习机,她奇怪地问:"小南,小北哥哥的学习机不是给你用了吗?"

"我要最新款的!"钟小南说,"我们班赵莹就拿了一个最新款的,惹得别的同学一下课都围着她转!"钟小南将白天在学校发生的事告诉了大妈。

"你是真的需要学习机呢，还是需要别人的羡慕？"小北妈妈问。

钟小南不说话了。

"就像妈妈给你买了手表，是为了和你联系方便，不是让你在同学面前显摆的；赵莹的家长给她买了学习机，也是为了让她学习，而不是让她在同学面前炫耀。而且你们这样在同学面前互相炫耀、攀比，不仅会伤害别的同学的感情，也会让自己陷入失落和焦虑之中……"

第二天在学校，坐在教室里的钟小南正在看书。夏丽丽得意地向钟小南展示："看，这是我爸给我新买的运动鞋，这可是限量版哦！"

钟小南："嘘，小声点儿，我正在看书呢！"

"咦，钟小南，你难道不羡慕吗？"夏丽丽意外地看着钟小南。

"这有什么好羡慕的？"钟小南说道，"我会弹钢琴，你羡慕吗？我会讲好多故事，你羡慕吗？我现在还会自己打扫房间，你羡慕吗？"

"啪啪啪……"突然同学们都鼓起掌来，他们看向钟小南的目光中充满羡慕和欣赏。

显摆和攀比很容易让人产生虚荣心和嫉妒心，从而导致同学关系变得紧张。其实，真正的财富并不仅仅是物质上的东西，每个人都有自己独特的优点和价值。一个有教养的人，会顾及别人的感受，不在别人面前炫耀；一个内心富足的人，也不会和别人去攀比。

1. 不在别人面前炫耀自己的成就或财富。

2. 学会自我满足，不过度追求物质或荣誉。

3. 明确做某一件事情是为了自身的需要，而不是与他人竞争或攀比。

第三部分
学校生活中的教养

谦虚有礼知感恩

钟小北所在班级的班长王昊昊，从上一年级开始每次考试都是第一名，而且，每次学校的各种竞赛，他都能拿到名次，老师家长都觉得他很聪明。当然，他自己也这么认为。

"给你们讲题，真是浪费我的时间！"每次有同学向王昊昊请教的时候，王昊昊不但不好好讲，还要冷嘲热讽一番，渐渐地，同学们都不再问他问题了。

一天，眼看着要上课了，钟小北往教室跑的时候，看见王昊昊还慢条斯理地边走边玩，他便提醒道："王昊昊，快点儿，要迟到了！"

可王昊昊根本不搭理他。

结果，王昊昊迟到了，老师批评了他。

我给班级争了那么多的光，就迟到一会儿，老师竟然还批评我！

没多久,学校要组织各个班级进行演讲比赛,大家都知道,这样的"重任"自然要落在王昊昊的头上。果然,老师让王昊昊好好准备一下,然后老师也会认真指导他。

"我的嗓子不舒服,参加不了!"王昊昊故意撒了一个谎。因为他要让老师和同学们知道,他在这个班上有多重要。

因为王昊昊参加不了演讲比赛,老师让钟小北参加,并嘱咐他回家要多练习。钟小北向老师保证,他会认真练习的。

老师在班上宣布:"这次全校的演讲比赛,我们班的钟小北同学得了第一名,我们向他表示祝贺!"

看着同学们都向钟小北表示祝贺,王昊昊心里不服气地想:"哼,还不是因为我没有参加,不然第一名肯定会是我的!"

老师接着说道:"还有一件事,老师要提出表扬。因为在钟小北同学的建议下,大家通过结对互助学习,这次考试大家的成绩都有进步,出现了两个满分成绩,一个是钟小北,另一个是孙小乐,大家鼓掌!"

在同学们的欢呼声中,王昊昊神情落寞地低下了头。

第三部分　学校生活中的教养

人生的每一次成长和进步都离不开老师、家长、同学的关怀和帮助，所以，同学们千万不要骄傲自大，不能目中无人，而应该时刻保持谦虚有礼，牢记父母的养育之恩，感恩老师的教诲之情，用善意的心对待身边的人。

1. 无论自己多优秀，都要对老师保持应有的尊重，能体会到老师对自己的教诲和关心。

2. 取得成就时，不要高高在上，不过分夸大自己取得的成绩，要记得感谢那些帮助过自己的人。